네 칸 신화집

알빈에게

로익 곰 글·그림
나선희 옮김

네 칸 신화집

책빛

차례

10 - 11		태초의 신 가이아
12 - 13		크로노스와 신들의 탄생
14 - 15		제우스에 맞선 포세이돈
16 - 17		아테나의 탄생
18 - 19		헤르메스
20 - 21		티폰
22 - 23		불을 훔친 프로메테우스
24 - 25		판도라의 상자
26 - 27		헤라와 은하수의 기원
28 - 29		헤라클레스의 12가지 과업 1
30 - 31		헤라클레스의 12가지 과업 2
32 - 33		헤라클레스의 12가지 과업 3
34 - 35		아프로디테의 사랑
36 - 37		아틀라스
38 - 39		불화의 사과
40 - 41		아킬레우스
42 - 43		트로이 목마
44 - 45		오디세우스의 모험 1

46 - 47	오디세우스의 모험 2
48 - 49	오디세우스의 모험 3
50 - 51	페넬로페
52 - 53	데메테르와 사계절의 기원
54 - 55	오르페우스
56 - 57	아탈란테
58 - 59	오이디푸스
60 - 61	안티고네
62 - 63	판의 피리
64 - 65	미다스의 판결
66 - 67	다나에
68 - 69	페르세우스와 메두사
70 - 71	벨레로폰과 페가수스
72 - 73	이아손과 황금 양털
74 - 75	에우로페의 납치
76 - 77	테세우스
78 - 79	파시파에와 미노타우로스의 탄생
80 - 81	테세우스와 미노타우로스
82 - 83	다이달로스와 이카로스

태초의 신
가이아

가이아는 혼돈 속에서 태어났다. 만물과 신들의
어머니인 가이아는 대지와 산과 바다를 낳고,
하늘의 신 우라노스를 낳았다.

가이아는 우라노스에게서 티탄 신족을 낳았다.
우라노스는 자식을 두려워하라는 신탁을 듣고,
지옥에 아이들을 가두었다.

가이아는 복수하기 위해 아들 크로노스에게
낫으로 우라노스를 거세하도록 했고,
크로노스는 우라노스의 후계자가 되었다.

크로노스는 누이 레아와 결혼하여
헤스티아, 데메테르, 헤라, 하데스, 포세이돈,
제우스를 낳았다.

크로노스와
신들의 탄생

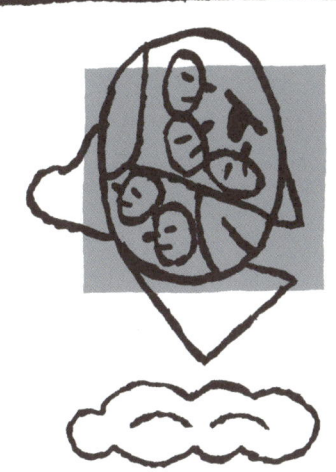

아버지 우라노스의 왕위를 뺏은 크로노스는 자식들에게 자신의 왕위를 빼앗길까 두려워 아이들이 태어나자마자 삼켜 버렸다.

엄마 레아가 숨겨 준 덕분에 목숨을 건진 제우스는 아버지 크로노스에게 헤스티아, 데메테르, 헤라, 하데스, 포세이돈을 다시 뱉어 내게 했다.

크로노스를 물리친 제우스는 왕이 되었으며, 다른 티탄 신족과 힘을 합친 우라노스와 끔찍한 전쟁을 벌여야 했다.

제우스는 벼락을 쳐 티탄 신족의 눈을 멀게 해 싸움에서 이겼다. 제우스와 올림포스 신들의 제1세대가 시작되었다.

제우스에 맞선 포세이돈

아테나의 탄생

자손들에게 왕위를 빼앗길까 봐 두려웠던
제우스는 부인 메티스가 아기를 갖자
물방울로 변하게 해 삼켜 버렸다.

제우스는 끔찍한 두통에 시달려야 했다.
헤파이스토스에게 부탁해 도끼로 머리를
내려치게 한 뒤에야 고통에서 벗어날 수 있었다.

그때 제우스 머리에서 투구를 쓰고
창과 방패로 무장한 아테나가
엄청나게 큰 소리를 지르면서 나왔다.

아테나는 태어나자마자
올림포스로 가 지혜의 여신이 되었다.
제우스는 아테나를 매우 예뻐했다.

티푼

티탄 신족인 타르타로스는 가이아에게서
괴물 티폰을 낳았는데 하루 만에 훌쩍 자랐다.
티폰은 제우스에 진 걸 갚아 주고 싶었다.

티폰은 제우스가 사는 올림포스로 갔다.
신들은 티폰을 보고 공포에 질려 동물로
변신해 도망쳤고 아테나와 제우스만 남았다.

티폰은 자신에게 맞서 싸우는
제우스의 팔과 다리 힘줄을 낫으로 자른 뒤
동굴에 가둬 버렸다.

티폰이 과일을 먹고 힘이 약해진 틈을 타
헤르메스가 제우스를 풀어 주었다.
제우스는 벼락을 쳐 티폰을 화산에 묻었다.

불을 훔친
프로메테우스

제우스는 프로메테우스가 창조한
인간의 야만성에 실망하여 대홍수를 일으켜
모든 생명체를 없애 버리려고 했다.

신의 형벌에서 유일하게 살아남은
데우칼리온과 피라가
돌에서 새로운 인간을 태어나게 했다.

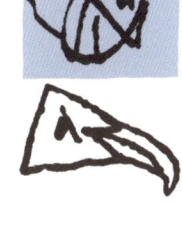

제우스는 인간에게 불을 주고 소를 받았다.
프로메테우스는 인간 편을 들어 제우스를 속였다.
화가 난 제우스는 인간에서 불을 거둬들였다.

프로메테우스는 몰래 신들에게서 불을 훔쳤다.
제우스는 프로메테우스에게 매일
독수리에게 간을 파 먹히는 벌을 내렸다.

헤파이스토스는 아프로디테의 모습을 본떠
최초의 여성을 만들었다. 제우스는 판도라라는
이름을 주었고, 아테나는 생명을 불어 넣었다.

판도라는 아프로디테에게서 아름다움을,
아폴론에게서 음악을,
헤르메스에게서 호기심과 거짓말을 받았다.

제우스는 인간을 벌하기 위해
판도라에게 신비의 상자를 주어
인간 세상으로 보냈다.

판도라는 상자를 열지 말라는 경고를 어기고
상자를 열고 말았다. 그때부터 온 세상에
재앙과 질병이 퍼지게 되었다.

헤라와 은하수의 기원

제우스는 자신의 누나인 헤라에게 반해
뻐꾸기로 변신해 헤라의 품에 날아들었다.
헤라는 친동생 제우스와 결혼했다.

제우스는 헤라에게 신의를 지키지 않고
알크메네에게 남편 행세를 하며 유혹했다.
제우스와 알크메네에게서 헤라클레스가 태어났다.

헤라는 헤라클레스의 요람에
독사 두 마리를 풀어 죽이려고 하였다.
그러나 헤라클레스가 독사를 잡아 죽였다.

제우스는 헤라클레스가 영원히 죽지 않도록
헤라의 젖을 먹이려 했다. 놀란 헤라가 아기를
밀쳐 내면서 뿜어져 나온 젖이 은하수가 되었다.

헤라클레스의
12가지 과업

1

헤라클레스는 헤라가 불어넣은 광기로 인해 처자식을 죽였다. 그 죄를 씻기 위해 에우리스테우스왕이 내린 열두 가지 과업을 완수해야 했다.

첫 번째 과업은 네메아의 사자를 없애는 것이었다. 헤라클레스는 두 팔로 사자의 목을 졸라 죽이고, 사자의 가죽으로 갑옷을, 머리로 모자를 만들었다.

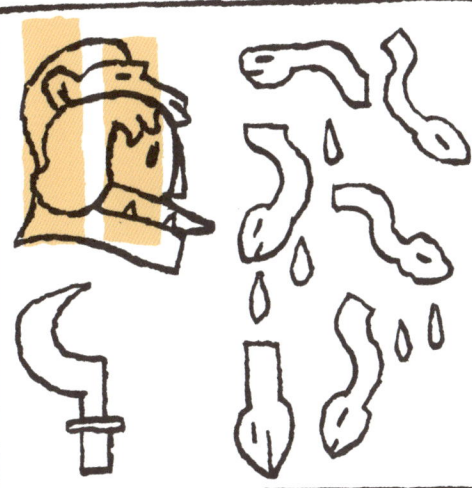

두 번째 과업은 머리가 아홉 개인 괴물 히드라를 죽이는 것이었다. 히드라의 머리는 잘라도 다시 생겨났다. 헤라클레스는 피를 묻힌 독화살로 히드라를 죽였다.

세 번째와 네 번째 과업은 케리네이아의 암사슴과 에리만토스의 멧돼지를 산 채로 잡아 오는 것이었다. 암사슴을 지치게 하고 덫을 놓아 멧돼지를 잡았다.

헤라클레스의
12가지 과업
2

다섯 번째 과업은 황소 3천 마리가 사는 아우게이아스왕의 축사를 하루에 청소하는 것이었다. 헤라클레스는 강의 물줄기를 끌어와 축사를 청소했다.

다음은 스팀팔로스 호수에서 새들을 내쫓는 것이었다. 헤라클레스는 심벌즈를 두들겨 새들이 공포에 질려 날아가게 한 다음 독화살을 쏘아 떨어뜨렸다.

일곱 번째 과업은 미노스의 황소를 잡아 오는 것이었다. 네메아 사자의 가죽을 흔들어 황소를 지치게 한 다음 산 채로 잡아 에우리스테우스왕에게 주었다.

여덟 번째 과업은 디오메데스의 말을 잡아 오는 것이었다. 헤라클레스는 식인 말에게 디오메데스의 시신을 먹이로 주었고, 말들이 순해지자 잡아 왔다.

헤라클레스의
12가지 과업
3

아홉 번째 과업은 아마존의 여왕 히폴리테의
황금 허리띠를 되찾아오는 것이었다.
헤라클레스는 여왕을 죽여 허리띠를 손에 넣었다.

열 번째 과업은 머리가 세 개인 거인 게리온의
황금 소를 잡아 오는 것이었다. 헤라클레스는
괴물 개를 무찌르고 황금 소를 잡아 왔다.

열한 번째 과업은 헤스페리데스의 정원에서
황금 사과를 가져오는 것이었다. 헤라클레스는
아틀라스를 속여 황금 사과를 손에 넣었다.

마지막 과업은 지옥문을 지키는 머리가 셋 달린
케르베로스를 잡아 오는 것이었다. 헤라클레스는
두 손으로 케르베로스의 머리를 비틀어 제압했다.

아프로디테의
사랑

아프로디테는 바다에서 태어났다.
사랑의 여신인 아프로디테의 아름다움에
모든 신이 감탄해 마지않았다.

헤라는 아들 헤파이스토스가 태어나자마자
올림포스산에서 던졌다. 제우스는 절름발이가 된
헤파이스토스와 아프로디테를 강제로 결혼시켰다.

아프로디테는 여러 신들과 바람을 피웠다.
대장장이 신 헤파이스토스는 함정을 놓아
아프로디테와 아레스를 한 침대에 있게 했다.

헤파이스토스는 그물을 만들어
아프로디테와 아레스를 가둔 다음
올림포스 신들에게 데려갔다.

불화사과

펠레우스와 테티스의 결혼식에 초대받지 못한 불화의 여신 에리스는 '가장 아름다운 이에게 바친다.'는 글귀가 새겨진 황금 사과를 던졌다.

헤라, 아테나, 아프로디테, 세 여신이 황금 사과를 놓고 다퉜지만, 결론이 나지 않자 트로이의 목동 파리스에게 판결하도록 했다.

파리스는 헤라와 아테나가 약속한 부와 영예를 저버리고, 가장 아름다운 여인을 주겠다고 약속한 아프로디테를 선택했다.

파리스는 스파르타의 왕비 헬레네와 사랑에 빠졌다. 헬레네는 남편 메넬라오스왕이 자리를 비운 사이 파리스와 트로이로 도망쳤다.

아킬레우스

아킬레우스는 스틱스강에 몸을 담그고
불사의 존재가 되었다. 하지만 엄마 테티스가
잡고 있던 발뒤꿈치는 물에 젖지 않았다.

아킬레우스는 그리스 편에서 트로이와 싸워야 했다.
친구 파트로클로스가 자기 대신 싸움에 나섰다가
헥토르에게 죽자 화를 참을 길이 없었다.

아킬레우스는 친구의 원수를 갚기 위해
헥토르를 죽이고, 마차에 시신을 매단 채
몇 날 며칠 동안 트로이 요새를 돌았다.

아킬레우스는 트로이 군대를 밀어붙이다
파리스가 쏜 화살이 약점인
발뒤꿈치에 닿아 죽게 된다.

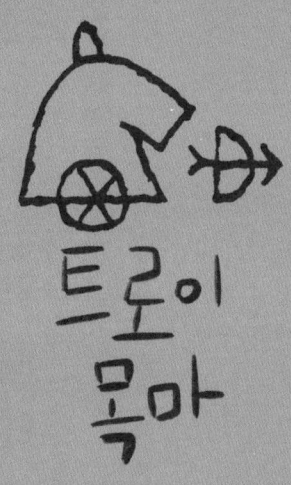

트로이
목마

스파르타의 왕 메넬라오스는 파리스와 떠난 헬레네를 되찾기 위해 트로이에 전쟁을 선포하고 그리스에서 가장 뛰어난 군인들을 모았다.

전쟁이 오래 이어지자 그리스 군인들은 빠르게 지쳐 갔다. 영웅 오디세우스만이 승리를 가져다줄 유일한 희망이었다.

오디세우스는 거대한 목마를 생각해 내어 목마 안에 그리스 군인들을 숨어 있게 했다. 트로이 사람들은 성안에 목마를 들였다.

밤이 되자 목마에서 오디세우스가 나와 성문을 열었고, 그리스 군인들이 도시를 차지했다. 트로이는 전투에서 졌고 그리스가 승리했다.

오디세우스의
모험 1

트로이를 정복한 오디세우스가 고향 이타카로 돌아가는 길은 쉽지 않았다. 오디세우스 일행은 키콘족이 살고 있던 지방을 약탈했다.

오디세우스는 로토파고이족이 사는 섬에 들렀다. 로토파고이족이 준 망각을 부르는 과일을 먹고 이성을 잃은 일행을 억지로 배에 묶어 섬을 떠났다.

오디세우스는 포세이돈의 아들 폴리페모스가 사는 섬에 들렀다가 동굴에 갇혔다. 오디세우스는 폴리페모스의 눈을 찔러 포세이돈의 화를 불렀다.

오디세우스는 이타카 근처에서 바람의 신인 아이올로스가 준 가죽 부대의 마개를 여는 바람에 역풍이 불어 고향에서 멀어지게 되었다.

오디세우스의 모험 2

오디세우스는 라이스트리고네스족의 섬으로 갔다. 오디세우스 일행은 대부분 식인족에게 잡아먹혔고, 오디세우스가 탄 배 한 척만 간신히 살아남았다.

살아남은 자들은 마녀 키르케의 섬에서 돼지로 변했다. 이를 모면한 오디세우스는 일행을 본래 모습으로 돌려놓았고, 일 년 동안 키르케의 섬에 머물렀다.

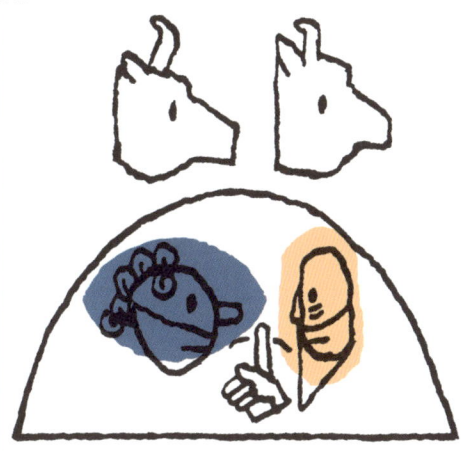

오디세우스는 키르케의 섬을 떠나 죽은 자들의 왕국에 갔다. 포세이돈에게서 오디세우스를 지키려는 테이레시아스가 헬리오스의 소에게 손대면 안 된다고 일러 주었다.

오디세우스는 마음을 홀리는 세이렌의 노래를 듣지 못하게 일행의 귀를 막고, 자신의 몸을 돛에 묶게 했다. 오디세우스는 세이렌에게서 벗어날 수 있었다.

오디세우스의
모험 3

오디세우스는 해협을 지키는 카립디스와 스킬라라는 두 괴물과 맞서야 했다. 오디세우스는 괴물 스킬라를 간신히 피했으나 일행 중 여섯은 물어뜯겼다.

굶주린 항해사들이 태양신의 섬에서 헬리오스의 소들을 잡아먹어, 오디세우스 일행은 거센 돌풍을 만나 물에 빠져 죽는 벌을 받았다.

오디세우스는 파도에 실려 칼립소의 섬에 갔다. 칼립소는 오디세우스에게 불사신을 약속했다. 오디세우스는 7년이 지나서야 섬에서 나왔다.

조난당한 오디세우스를 파이아케스의 공주 나우시카가 구해 주었다. 나우시카 공주의 아버지 알키노스왕은 오디세우스를 환대했으며 고향 이타카로 데려다주었다.

쎄빌로펀

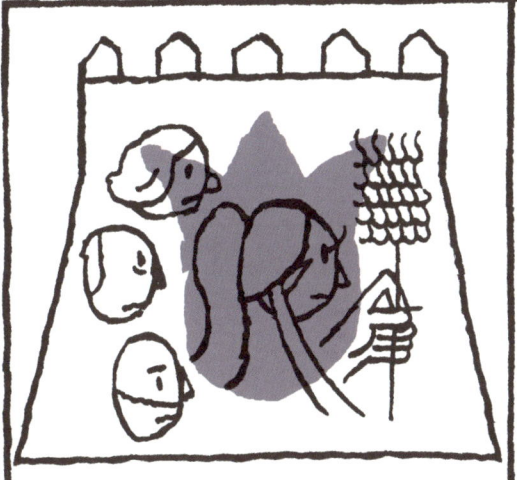

이타카에는 페넬로페를 탐내는 자들이 있었다.
페넬로페는 새 남편을 택할 시간을 늦추기 위해
낮에 짠 천을 밤에 다시 풀곤 했다.

속임수가 발각되자 페넬로페는 결단을 내려야 했다.
페넬로페의 아들 텔레마코스는 아버지가
살아 있다고 굳게 믿고 찾아 나섰다.

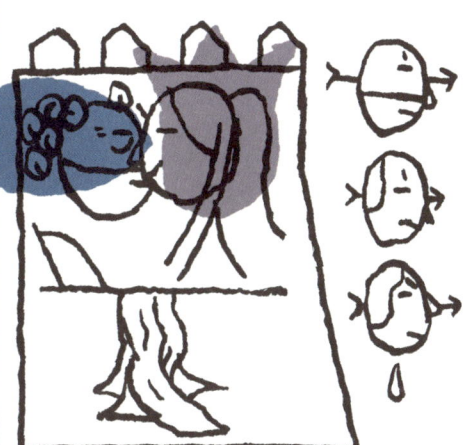

페넬로페는 구혼자 중 하나를 택해야 했다.
오디세우스는 거지 차림으로 연회에 참석해
다른 구혼자들과 함께 활쏘기 시합에 나섰다.

오디세우스는 시합에서 이기고 구혼자들을 죽였다.
페넬로페는 오디세우스에게 부부만 아는 비밀인
올리브나무 침대 이야기를 듣고 남편을 받아들였다.

데메테르와 사계절의 기원

지하 세계의 신 하데스는 페르세포네를 납치했다.
제우스와 데메테르의 딸이자 자연의 여신인
페르세포네는 죽은 자들의 왕국의 왕비가 되었다.

절망에 빠진 데메테르가 곡물을 자라게 하는
임무를 더 이상 하지 않자 기근이 닥쳤다.
제우스가 하데스에게 페르세포네를 돌려보내라고 했다.

이미 석류 세 알을 먹어 지옥의 함정에서
꼼짝할 수 없었던 페르세포네는 석 달이 지나서야
엄마 데메테르를 만날 수 있었다.

데메테르는 딸이 없을 때는 활동하지 않다가
딸이 돌아오면 활동을 시작했다.
이렇게 해서 사계절이 생겨났다.

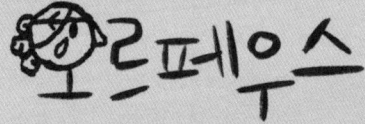

오르페우스는 사랑했던 에우리디케가 죽자 슬픔에 빠졌다. 오르페우스는 에우리디케를 되찾으러 죽은 자들의 왕국에 가기로 결심했다.

오르페우스는 저승으로 통하는 스틱스강의 뱃사공인 카론과 지옥의 문지기인 케르베로스의 마음을 샀고, 하데스왕과 페르세포네 왕비를 노래로 감동시켰다.

왕과 왕비는 오르페우스에게 산 자들의 세계에 도착하기 전까지는 절대 뒤를 돌아봐서는 안 된다는 조건을 걸고 에우리디케를 풀어 주었다.

그러나 오르페우스는 너무 일찍 뒤를 돌아보았다. 미처 지옥을 빠져나오지 못한 에우리디케가 영원히 사라지자 오르페우스는 깊은 슬픔에 빠졌다.

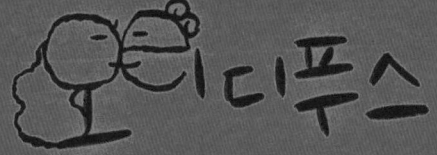

테베의 왕 라이오스는 아들이 아버지를 죽이고 어머니와 결혼한다는 신탁을 받았다. 아들 오이디푸스가 태어나자마자 산속에 버렸다.

오이디푸스는 신탁대로 아버지를 죽이게 되었고, 스핑크스를 퇴치해 테베의 왕위에 올랐으며, 어머니 이오카스테 왕비와 결혼했다.

오이디푸스는 라이오스왕을 죽인 자를 밝혀야 역병을 막을 수 있다는 새로운 신탁을 듣고, 아무것도 모른 채 범인을 찾았다.

진실이 드러나자 이오카스테는 목숨을 끊었다. 오이디푸스는 자신의 눈을 도려냈고, 테베를 떠나 딸 안티고네와 방랑길에 올랐다.

안티고네

오이디푸스가 추방되자 아들 에테오클레스와
폴리네이케스가 테베의 왕좌를 놓고 다퉜다.
싸움은 두 형제가 서로를 죽이고 끝이 났다.

왕위에 오른 삼촌 크레온은
에테오클레스는 장례를 치러 주었으나
폴리네이케스의 시신은 들판에 버렸다.

안티고네는 오빠 폴리네이케스의 장례를
치러 존엄성을 되찾아 주고자 했으나
크레온은 안티고네를 범죄자로 선포했다.

크레온은 자신의 명령을 어긴 안티고네를
죽일 작정으로 산 채로 무덤에 가두었다.
안티고네는 스스로 목숨을 끊었다.

판의 피리

판은 반은 인간이며 반은 숫염소로 태어났다.
판은 태어나자마자 흉측하다고 버려졌다.
아버지 헤르메스는 신들에게 판을 맡겼다.

판은 올림포스에 기쁨을 가져다주었다.
판은 님프들을 열렬히 좋아했지만,
님프들은 야수 같은 판을 멀리했다.

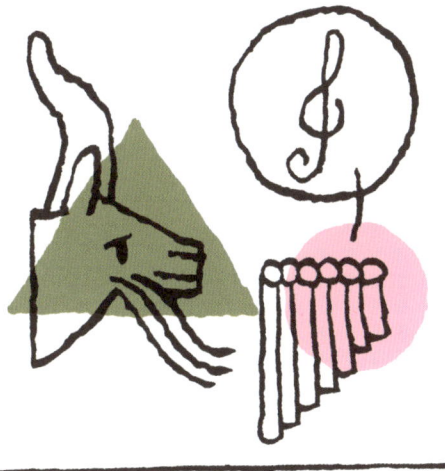

님프 중 하나인 시링크스는 판이 쫓아오자
갈대로 변해 버렸다. 흔들리는 갈대에서 나는
구슬픈 소리가 판을 슬프게 했다.

판은 갈대로 변한 시링크스를 그리며
갈대 줄기를 잘라 엮어 피리를 만들었다.
판은 피리를 불어 시링크스에게 마음을 전했다.

미다스의
판결

미다스왕은 아폴론과 판 중에서 누가 최고의 음악가인지 가려야 했다. 음악의 신 아폴론의 재능을 시샘한 미다스는 판을 선택했다.

크게 화가 난 아폴론은 앙갚음하기 위해 왕의 귀를 당나귀 귀로 만들어 버렸다. 미다스왕의 이발사가 재빨리 비밀을 알아챘다.

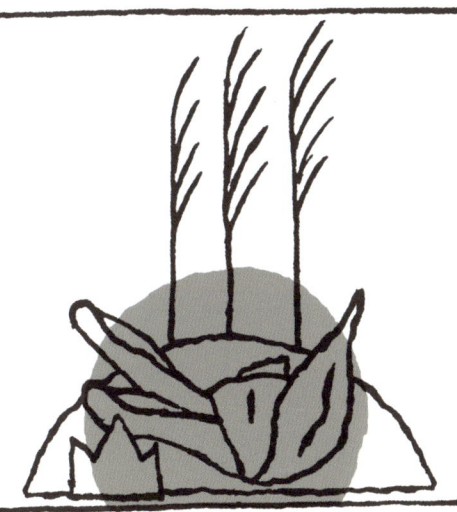

이발사는 왕에게 비밀을 지킬 것을 맹세했다. 하지만 이발사는 참지 못하고 땅에 구멍을 파고 "임금님 귀는 당나귀 귀다!"라고 속삭였다.

땅에서 자라난 갈대들이 비밀을 퍼트렸고 바람 따라 소문이 멀리 퍼져 갔다. 미다스는 스스로 목숨을 끊고 말았다.

다나에

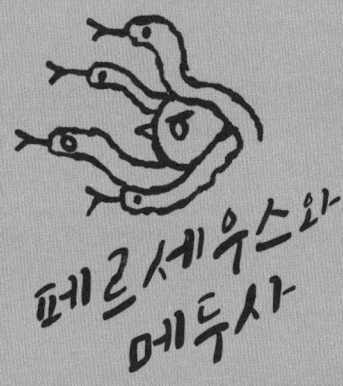

페르세우스와
메두사

벨레로폰과
페가수스

벨레로폰은 괴물 키마이라를 없애라는 명을 받았다.
벨레로폰이 재빨리 날 수 있는 날개를 가진 말
페가수스를 가지고 있었기 때문이었다.

벨레로폰은 누구도 다루지 못하는 야생마의
등에 올라타 아테나 여신에게 받은 마법의
황금 재갈을 물려 페가수스의 주인이 되었다.

벨레로폰은 페가수스가 도망치도록 내버려 두었다.
그러나 페가수스는 키마이라가 있는 곳까지
벨레로폰과 같이 가려고 했다.

벨레로폰은 페가수스를 타고 날아올라
괴물의 머리를 자른 다음 심장에 검을 꽂았고,
키마이라는 불에 타 죽었다.

이아손과
황금 양털

이아손은 삼촌 펠리아스가 뺏은 아버지의 왕국을
되찾고 싶었다. 펠리아스는 이아손을 없애려고
황금 양털을 가져오면 왕위를 돌려주겠다고 했다.

이아손은 아르고호 원정대를 꾸려 길을 나섰다.
아이에테스왕은 이아손에게 황소들과 전사들,
황금 양털을 지키는 용을 무찌르라고 명령했다.

이아손에게 반한 아이에테스왕의 딸 메데이아가
이아손을 도왔다. 이아손은 메데이아에게 받은
마법의 물건들 덕분에 용을 무찌를 수 있었다.

이아손은 황금 양털을 가지고 돌아왔지만,
펠리아스는 이아손에게 왕위를 주지 않았다.
마녀 메데이아는 속임수를 써 펠리아스를 죽였다.

에우로페의
납치

페니키아의 아름다운 공주 에우로페에게
반한 제우스는 흰 황소로 변해 공주의 마음을
사로잡으려고 하였다.

에우로페가 장난스럽게 다가가 황소의 등에
올라타자, 황소는 에우로페를 태우고
바다로 성큼성큼 들어갔다.

제우스는 바다 건너 크레타섬으로
에우로페를 데려갔다.
에우로페는 제우스의 아들 미노스를 낳았다.

제우스가 에우로페를 떠나자,
에우로페는 아들 미노스에게 왕위를 물려줄
크레타의 왕과 결혼했다.

테세우스

아테네의 왕 아이게우스는 바위 밑에 칼을 두었다.
아들 테세우스는 바위를 들어 올릴 만큼 자라
아버지가 아이게우스라는 것을 알게 되었다.

테세우스는 그 칼을 들고 아버지를 찾아 나섰다.
아테네에 이르는 동안 테세우스는 아테네를
공포에 떨게 한 괴물들과 악당들을 물리쳤다.

아테네는 테세우스를 영웅으로 맞이했다.
아버지 아이게우스는 아들을 알아보지 못했으나
메데이아 왕비가 알아차리고 테세우스를 죽이려 했다.

테세우스는 마라톤의 황소를 제압했다.
아이게우스는 테세우스의 칼을 보고
아들임을 알아보았고, 메데이아는 도망쳤다.

파시파에와

미노타우로스의 탄생

미노스는 포세이돈에게 빚진 황소를
제물로 바치겠다는 약속을 지키지 않았다.
포세이돈은 몹시 화가 났다.

포세이돈은 미노스의 부인 파시파에가
황소에게 푹 빠져
암소처럼 행동하도록 하였다.

파시파에와 황소 사이에서
몸은 사람이며 머리는 황소인
괴물 미노타우로스가 태어났다.

미노스는 괴물 미노타우로스의 존재를
비밀로 하고, 누구도 들어갈 수 없는
미궁에 숨겨 두었다.

테세우스와
미노타우로스

아이게우스는 크레타의 왕 미노스에게 아테네의 젊은이를 바쳐야 했다. 미노타우로스의 제물이 되면 누구도 살아 나올 수 없었다.

미노스왕의 딸 아리아드네는 제물로 들어온 아이게우스의 아들 테세우스를 구하고 싶어 몰래 테세우스에게 검과 실뭉치를 주었다.

테세우스는 검으로 괴물을 죽이고, 실을 이용해 미궁을 빠져나와 아리아드네와 아테네 사람들을 데리고 섬을 떠났다.

테세우스는 아테네로 돌아가는 배에 흰 돛을 걸어 살아 있음을 알리는 걸 잊었다. 아이게우스는 아들이 죽은 걸로 알고 바다에 몸을 던졌다.

"다이달로스라 이카로스"

미노스왕은 조카를 죽였다는 이유로 추방된 다이달로스를 받아들였다. 다이달로스는 미노타우로스를 가둘 미궁을 만들었다.

미노스왕은 다이달로스가 아리아드네와 테세우스가 섬을 탈출하도록 도왔다는 이유로 아들 이카로스와 함께 미궁에 가두었다.

다이달로스는 날개를 만들어 탈출했다. 이카로스는 태양에 너무 가까이 날아가는 바람에 날개의 밀랍이 녹아 바다에 빠지고 말았다.

다이달로스가 도망친 것에 몹시 화가 난 미노스왕이 다이달로스를 찾아왔다. 미노스왕은 욕조의 끓는 물에 죽게 된다.

글·그림 로익 곰(Loïc Gaume)

프랑스에서 태어났다. 작가이자 일러스트레이터, 그래픽 디자이너이자 편집자다. 브뤼셀 라 캉브르 국립 고등 미술 학교에서 그래픽 커뮤니케이션을 공부했다. 졸업 후 잡지와 자신이 만든 출판사(Les Details)를 통해 만화 등 다양한 형식의 작품을 발표해 왔다. 이미지를 창조하는 것을 즐기며 현미경으로 들여다본 것처럼 아주 미세한 부분을 그리는 것을 좋아한다. 지도 제작이나 건축에도 관심이 많다. 첫 번째 그림책 《네 칸 명작 동화집》으로 2017년 볼로냐 라가치상을 받았다. 우리나라에 소개된 작품으로는 《네 칸 명작 동화집》, 《필로니모 4 비트겐슈타인》 등이 있다. 현재 브뤼셀에 산다.

옮김 나선희

이화여자대학교와 서강대학교 대학원에서 불문학을, 성균관대학교에서 아동문학교육을 공부했다. 《그림책과 예술 교육》을 썼으며, 《누가 진짜 나일까?》, 《달려!》, 《막스와 마르셀》, 《어느 사랑 이야기》, 《네 칸 명작 동화집》, 《소쉬르, 몽블랑에 오르다》, 《하얀 새》, 《4998 친구》, 《드니 반반》, 《어느 작은 물방울 이야기》, 《XOX와 OXO》, 《빨리 빨리 빨리!》, 《키키의 산책》, 《나의 왕국》, 《보세주르 레지던스》, 《절대 절대로!》, 《포카와 민 시리즈》, 《옛날부터 전해 내려오는 이야기에는 타조가 등장하지 않는다》, 《미르》 등을 우리말로 옮겼다.

네 칸 신화집

초판 1쇄 2022년 9월 30일

글·그림 로익 곰 | 옮긴이 나선희
펴낸이 김영은 | 펴낸곳 도서출판 책빛
주소 경기도 고양시 일산동구 무궁화로 7-63 1206
전화 070-7719-0104 | 팩스 031-918-0104
전자우편 booklight@naver.com

ISBN 978-89-6219-395-4 74860
ISBN 978-89-6219-244-5(세트)

Mythes au carré
by Loïc Gaume
ⓒéditions Thierry Magnier, 2020.
All Rights Reserved
Korean translation ⓒ2022 by Booklight Publishing Co.
Korean translation rights arranged with Éditions Thierry Magnier
through Orange Agency